· 青春期自救手册 ·

真希望我能好好爱自己

[法] 皮埃尔 · 佩瑞（Pierre Péju）著
[法] 阿尔弗雷德（Alfred）绘　时征 译

中信出版集团 | 北京

图书在版编目（CIP）数据

青春期自救手册．真希望我能好好爱自己 /（法）皮埃尔·佩瑞著；（法）阿尔弗雷德绘；时征译．-- 北京：中信出版社，2023.9（2024.4重印）

ISBN 978-7-5217-5831-3

Ⅰ．①青… Ⅱ．①皮… ②阿… ③时… Ⅲ．①心理健康－健康教育－少儿读物 Ⅳ．① G444-49

中国国家版本馆 CIP 数据核字（2023）第 115803 号

青春期自救手册·真希望我能好好爱自己

著　　者：[法] 皮埃尔·佩瑞
绘　　者：[法] 阿尔弗雷德
译　　者：时征
出版发行：中信出版集团股份有限公司
　　　　（北京市朝阳区东三环北路27号嘉铭中心　邮编　100020）
承 印 者：北京瑞禾彩色印刷有限公司

开　　本：787mm × 1092mm　1/32　　印　　张：1.75　　字　　数：23千字
版　　次：2023年 9月第 1 版　　印　　次：2024年 4月第 4 次印刷
京权图字：01-2022-3949
书　　号：ISBN 978-7-5217-5831-3
定　　价：13.80元

服务热线：400-600-8099
投稿邮箱：author@citicpub.com

为什么那么多人热衷自拍？

前段时间，我在去罗马旅行的时候参观了科西尼宫，那里有一幅由**卡拉瓦乔**创作的、风格独特的名画《那喀索斯》。在陈列这幅画的展厅里，我惊讶地发现，许多参观者并没有在认真欣赏画作，而是背对着它！每个人都在忙着用连接在伸缩自拍杆上的智能手机给自己拍照！现场的很大一部分人似乎只是为了自拍而来。简单来说，卡拉瓦乔的画只是被当成了一个背景，他们在画作前摆着各种姿势，使自己显得更加引人注目。仿佛他们唯一的乐趣就是欣赏自己，喜欢自己在以著名艺术作品为背景的构图中所呈现出的不凡身影。

他们这是受了这幅著名画作中那个自恋的那喀索斯的传染吗？不！因为与此同时，在纽约、耶路撒冷、巴黎、柏林和东京，在各种名胜古迹前或者就在一个很普通的场景中，数十万人也都在自拍，然后再把这些照片发在社交网络上。

怎么评价那些喜欢自拍的人?

该怎么评价这些随时随地都在不停自拍的人呢？他们难道都是神话故事中的那喀索斯的化身吗？还是自 20 世纪末以来，一股全新的自恋浪潮迅速席卷了全世界？那喀索斯的神话讲述了这样一个故事：有一个非常英俊的年轻人，当他弯腰在清澈的泉水中看到自己的倒影时就爱上了自己，不过他很快就陷入了无法拥抱自己的绝望之中，最终日渐憔悴，郁郁而终！不过，这些自拍者倒不会变得憔悴，更不会因此死去。他们起初在拍摄（或欣赏）一张自己姿态不凡的照片时，只是把它当作一个游戏。当然这个游戏也并非不会带来苦恼。因为使用简便的技术、不经思考地拍摄出自己的肖像，这也会成为一种新的焦虑来源。自拍者们相信他们是在捕捉自己的每个瞬间，或是（在社交网络上）展示自己，但这些都只是表面现象。他们拍的照片越多，也就越发现一些重要的东西正在离他们远去。这些瞬间很快就过去了，照片也很容易就被删掉了，根本无法体现他们的身份。然而，无论我们是否希望如此，“我是谁？”这个问题都始终困扰着人们！这个问题探讨的恰恰是一个人存在的统一性和连续性。

自拍能展示自我认知吗？

苏格拉底曾告诫每一个人：“认识你自己！”这并不是让大家只关注自己，更不是让我们去拍那些只能抓人眼球并引发感性认知的照片。恰恰相反！在苏格拉底看来，重要的是要了解并认识到底是什么使我成为一个人。“认识你自己”更想要表达的意思是“触及你的本质”，触及所有人共同拥有的东西，它抽象、普遍、难以理解，但又十分稳定，我们可以把它称为我们的人性。

这才是我们真实的样子，任何照片都无法将它展现出来。从这个意义上来说，为了认识自己，我们必须借助思考和反思。即使有再多的自拍照片，展现的也只是不断变化的表面幻象，而我们需要的是对本质的还原。

不过，当代人的自恋却与苏格拉底的想法相悖。它让我相信，我的整个人（或至少是一部分）都通过我的外表体现。也正是因为如此，无论普通人还是公众人物，每个人都开始关注自己的形象。人们时刻关注着自己的身材和样貌，他们着魔于穿衣打扮、健身塑形、美容护理甚至整形手术，他们喜欢将自己的一举一动都分享到社交软件上，他们热衷于模仿那些演员、歌手、足球运动员或是当红人士的行为和服饰，最终将自己打造成模仿的那个对象。但是，要让苏格拉底看，这像是让自己落入了陷阱一样！

特别要说一下法国那些政治人物和公众人物，他们随时都会对自己形象变差或名誉受损感

博格斯
音乐会
比萨

到焦虑。他们不断尝试调整甚至改变自己的形象，使自己变得更具吸引力。他们最先展现出的不是自己的身份或想法，而是一个预设好的形象，然后让自己去向这个形象靠拢，这是否也算是一种自恋呢？说到底，这样的“作秀政治”很难造就充满信念感的领导人，反而会催生一些自恋的家伙，不是吗？此外，政治家为自己塑造的形象往往也体现了公众舆论的希望。这个形象是基于民意调查结果设计出来的，因此也符合成千上万参与调查的人的眼光。这个结果可能代表了大家的意见，但也可能无法代表任何一个人。于是，到处都在上演着这样一场名副其实的个人崇拜竞赛。每个人都在自己或大或小的圈子里自我欣赏，或是通过智能手机屏幕无眠无休地自我陶醉。这种新型崇拜是带有自恋性质的，因而不必再顾及它是否合情合理。它不是对一个人功绩的认可，也不是

> **“这样的‘作秀政治’催生出来的不是一些自恋的家伙吗？”**

对个人真实品质的认可和尊重，而是对一个塑造出来的形象的迷恋。当代自恋者们只对取悦感兴趣，而且他们想要取悦的只是自己。于是，一种沉迷的状态取代了所有的思想，他人的反馈取代了自我反思！

为什么要回避他人的爱？

在古希腊的赞美诗中，就已经有了关于一个年轻人因爱上自己的倒影而死的描写，而古罗马诗人**奥维德**在他的《变形记》中用最详尽、最具诗意的手法为我们描绘出了完整的故事。根据他的讲述，美丽绝伦的水泽神女利里俄珀生下了一个拥有令人难以抗拒的俊美容貌的男孩，并为其取名为那喀索斯。

“我亲爱的孩子能活到终老吗？”她问先知忒瑞西阿斯。

“是的，前提是他决不能见到自己的样子！”

自恋的人没有竞争对手。
本杰明·富兰克林（美国政治家）

这位双目失明的预言家给出了谜一般的答案，因为他已经知道那喀索斯的美貌对他来说是多么的致命。

奥维德写道，那喀索斯“像孩子一样纯真，像青年一样灿烂”，他在森林中奔跑，追逐和捕猎雌鹿和雄鹿。他过得很开心，但他自己并没有真正意识到这一点（这也许恰好是真正幸福的特征吧）。

> **“那喀索斯对独自一人的生活状态很满足，因而回避着他人的爱慕。”**

他对独自一人的生活状态很满足，因而回避着他人的爱慕。当然，所有见到他的人，都爱上了他，并渴望得到他。但懵懂的他，甚至都没有意识到这一点。因此我们要知道，那喀索斯在陷入绝望并沉入深潭之前是幸福快乐的！只要他不看到自己的容貌并为自己的魅力所倾倒，这种幸福就会一直持续下去。

在所有爱慕他的人当中，最锲而不舍的是厄

科。她原来是一个特别喜欢说话的仙女，当朱庇特与仙女们一起玩耍时，厄科妙语连珠的话总是会吸引朱庇特的注意力。于是，朱庇特妒火中烧的妻子对她施了一个咒语，让她不再能主动开口说话，只能重复别人说的最后几个词，作为世上声音和别人话语的一个微弱的回响！只要没有人说话，她就等于变成了哑巴。这个可怜的仙女跟着英俊的那喀索斯走进了森林，后者对此竟毫无察觉。直到有一天，她踩断了一根枯树枝。

“有人在那里吗？”他在昏暗的树林里问道。

“在那里吗？”厄科用回声的方式重复道。

“到这儿来！”他喊道。

“这儿来！”仙女重复着。她激动得浑身发抖，张开双臂走了过去，以便能紧紧地拥抱他。

但孤僻的年轻猎人愤怒地推开了她：“你不能对我这么做！”

厄科回应道：“对我这么做！”

恼怒的那喀索斯就这样逃开了。他对她漠不

关心。受到蔑视的仙女感觉非常沮丧，她把身体蜷缩起来，整个人迅速消瘦下去，最后皮和肉都消失了，骨骼也变成了石头。很快，她就变成了一块岩石。如果有人独自一人在大自然中高声地说话，他所说的最后一句话的最后几个词总会被她以回声的方式重复！当然，那喀索斯也还在继续过着独自一人的生活。

那喀索斯是如何变得自恋的？

这太过分了！为了惩罚那喀索斯对爱慕者们造成的伤害，复仇女神对他施了一个咒语："让他疯狂地爱，让他也体会一下无法拥有所爱之人的痛苦！"

独自一人在野外生活的那喀索斯并没遇到什么危险，直到有一天，他在一片柔嫩的草地中间发现了一汪特别清澈的泉水，他在泉边俯下身时看到了自己，并对自己的美貌着了魔。"他那像星星一样闪闪发光的眼睛、金色的头发、白皙的脖子、迷人的嘴和雪白的皮肤”，简而言之，他迷恋上了自己的外表。

忒瑞西阿斯的预言应验了，最终，那喀索斯还是见到了自己的样子。他将感受到爱情所带来的极度痛苦，体验到他曾经让仙女厄科和许多人所经历的那种生活。他疯狂地爱上了自己，他疯狂地渴望着自己，“他把一个倒影当作了一个真实的身体”，他弯下腰，伸出手臂，把嘴唇靠近这个并不真实的身体，但他越是靠近，越无法触及。的确，他的倒影也向他伸出了手臂，也向他索要一个吻，但他们彼此一接触，这个倒影就会变得模糊不清，最终消失不见。

那喀索斯感受到了地狱

般的煎熬。为了能够爱他自己，他必须与自己的身体分开。然而，吸引他的恰恰就是自己的身体。要怎么办才好呢？他的痛苦达到了顶峰，他痛哭起来。这一次轮到他变得憔悴了，他决定以放弃自己的方式来结束这一切。“我虚妄的爱，”他自言自语道，“永别吧，永别了！”而那个无法再见到却并未远离的仙女，也用她悲伤的声音附和着：“永别了！”很快，在柔嫩的草地上，在如今只剩天空映射其中的泉水边，在那喀索斯因爱上自己而死去的地方，长出了“一朵白色花瓣围簇着黄色花蕊的花”。

那喀索斯的神话是否给了我们关于情感互惠的思考？

那喀索斯的一生可以分为两个阶段。一开始，他是幸福的，但却并没有意识到。他自给自足，完全满足于自己的生活方式（独自一人在森林里打猎为生）。他没见过自己的样子，这一点尤为重要。他独自一个人打发着每天的时间，对其他人没有任何兴趣。那些爱他的人惹恼了他，他拒绝了他们。随后，复仇女神对他施了咒语，让他看到并爱上了他自己，于是悲剧上演了。

其实，那喀索斯只是向往独自一人的生活，不需要爱情，也不需要与他人接触。故事完全可以就这样继续下去。但神话总是会通过故事中的人物和他们的经历来让我们思考世界的整体平衡（宇宙、自然和众生之间的关系）。从这个角度看，那喀索斯对一切联系、结合、融合甚至包括一个拥抱所采取的轻慢和拒绝态度，看起来都是反自然的。为使世界和生命延续下去，就必须和他人接触和交流，必须繁衍生息。为了惩罚这个傲慢的家伙，复仇女神涅墨西斯通过制造炎热的天气，使他因口渴想要取水喝而接近泉水，并最终在水中看到了自己！他无法像拒绝其他人那样回避自己致命美貌的魅力。随后，他因爱上了自己的倒影而感受到了爱而不可得的可怕体验，最终因此而死。

神话把这种世间万物的相互关联和众生之间的平衡当作一种宇宙中的必然呈现在我们面前。它融合了诗意的美好和现实的残酷，只是为了告诫我们，那些“不想被人爱”，因而不参与重要的情感互惠的人必将灭亡。

自恋的人有什么表现?

那喀索斯的故事已经流传了许多个世纪，但“自恋”是一个最近才被使用的术语，是精神病学家们在 19 世纪时根据那喀索斯和女神厄科的神话创造出来的，主要是作为一个界定反常行为的临床概念（这是一个模棱两可的术语，因为它包含了医学和道德上的双重定义）。当时认为，在性心理方面，爱上自己是一种病态的偏离。当然，我们现在已经不这么看这个问题了。

若干年后，**弗洛伊德**和他的弟子们重新启用了这个术语，深化了它的含义，并证明每个人在从出生到死亡的过程中都不可避免地受到自恋的影响，这是心理发展的一个正常和必要的阶段。这是所有人都必须跨越过去的阶段，但任何人也都有可能会倒退回这个阶段。最终，这个术语已经变成了日常通用的词，用来指代一种存在方式、倾向、性格或行为。它可能是一种对自己的外表的过度而专一的爱，或是在欣赏自己形象时呈现出的痴迷甚至病态的喜爱，或是对自己的身体及其美感的优先和永久的关注。

因此，自恋指的是独自享受自己所带来的欢

咔——
咔——

愉，但它很快就会被无法尽兴欢愉或只能感受到空虚等问题所带来的痛苦所困扰。自恋往往伴随着对他人的贬低或蔑视：自恋的人除了自己以外，很难爱上其他人。他们面对别人对自己的爱无动于衷，除非这种爱能对他们起到聚光灯的作用。因此，镜子是他们最喜欢的道具，也是他们的标志。无论在哪里，自恋的人都在自我欣赏和自我陶醉。他们四处寻找自己的身影，梦想着让所有人都认可它，这样他的形象就会变得更加了不起。别人的目光只有在满怀钦佩时才会令他们感兴趣，而别人的话语也只有在充满赞美的情况下才会让他们接受。他们是如此坚信自己的出众，以至于对所有的人都表现出一种坚定不移的轻视。

神话故事里的自恋能给我们什么启示？

那喀索斯的故事反映出了许多哲学问题。比如自恋与死亡之间的联系、形象的诱惑力，以及镜子要是能先思考一下再将图像反馈给我们就好了！

让·科克托（法国作家）

因幻觉产生的强烈欲望等问题。而且也包括了身份的问题、孤独的问题、选择与否的问题以及带来的后果。最后，它还涉及现实与幻象的问题，也就是身体与它的影子及其映像之间所产生的问题。

几个世纪以来，哲学家和道德家们一直对那喀索斯的故事十分着迷，诗人和画家们也很喜欢把它作为创作的素材。如今，心理学家又重新提及了这个故事。人们有时会把它当作一个寓言，也有些人更愿意把它看作一个警示。但最重要的是，思想家们发现，无论是以影子的形式出现，还是以映像的形式出现，幻象都在与现实的交锋中占了上风，这是十分危险的。在他们看来，那喀索斯的不幸在于他被自己的感官所蒙蔽，错失了与他人交流的机会。而与他人的交流恰恰能帮助我们正确地认识自己。

“**无论是以影子的形式出现，还是以映像的形式出现，幻象都在与现实的交锋中占了上风，这是十分危险的。**”

作为苏格拉底的弟子，古希腊哲学家**柏拉图**曾谴责人类宁愿相信幻象也不愿相信真实的事物或真理。不过奇怪的是，他在阐述这个观点时并没有提到那喀索斯的神话。

也许他更愿意自己创作哲学神话来解释他的理想主义学说。在“洞穴神话”中，他把人类的状况比作生活在洞穴深处的囚犯，把通过光源投射在对面墙壁上的影子当作真实的物体，而这些影子其实只是在洞穴外边经过的具象三维物体的不稳定的、来回晃动的平面投影罢了。在柏拉图看来，人们在感性存在（即洞穴）中被不断变化且不稳定的形态所迷惑，从而无法认清那些被他称为“思想”的基本现实！

但他没有想过人类可能会迷恋上自己。他认为人类由于被禁锢和无知的缘故，无法去了解自己和爱自己，这在一定程度上造成了他们的不幸。

然而，在柏拉图的另一个著名哲学神话中，我们却可以发现一种最初的“自恋”。在《会饮篇》中，一个名叫阿里斯托芬的人对被他称为“厄洛斯之力”的爱的欲望做出了一番解释。在最初的时候，人是由现在的两个人组合在一起的。他们拥有两个性别，但只有一个身份，他们是雌雄同体的“双性人”。

但有一天，他们的骄傲自大使他们妄图登上天界取代众神。宙斯大怒，为了惩罚他们，就把他们全部切成两半，并把所有被切成两半的个体混在了一起。从此，这些新的人类个体就开始在世界的各个角落游荡。也是从那时起，所谓爱情，就只是我们每个人在拼命寻找所失去的另一半而已。这种对情欲本质的解释很奇怪，它暗示了唯一真正的爱是对（重新结合在一起的完整的）自己的爱，而爱的欲望只是对那个遗失的自我的一种完全徒劳的冲动。所谓遗失的自我，并不是一种如水中倒影般的映像，而是一种缺失，或者说是存在于记忆中的影子。

古罗马哲学家**普罗提诺**在他的《九章集》中

也多次提到了这个神话，不过与柏拉图不同，他是为了告诫我们：无论男女，都“不要贪恋美丽的外表”。美好的外表当然是具有吸引力的，但它只不过是一种幻觉，就像水中的倒影一样。放任自己被另一个人的身体所诱惑的人，肯定会忽视灵魂，也将会得到像那喀索斯一样的下场：一个被诱惑的人，他的灵魂最终会被淹没在“扼杀智慧的黑色深渊”之中。

若干年后，基督教声称在那喀索斯的故事中发现了对邪恶的欲念以及虚荣（在基督教的教义中，虚荣不是大罪，但却属于傲慢的一部分，而傲慢是大罪）的警示。于是，在巴洛克时期，基督教教堂甚至委托画家以这个神话为题材作画，把它作为强有力的范例，来证明性欲和过度自恋（这会使他疏远上帝之爱，使上帝受到亵渎）是一种罪过，应受到痛苦、疯癫或死亡的惩罚。在道德家们眼里，外表和肉体一样具有欺骗性，那喀索斯沉迷于自己的外表，就注定会像亚当一样

遭受痛苦和原罪。难道不是吗？在诗人们的创作中，他的结局不是变成了一朵花吗？

对自己的爱有好坏之分吗？

古希腊哲学家**亚里士多德**对友谊（拉丁语为 philia）有着非常积极的评价：这是一种“与他人分享而非自己独享”的艺术，是一种美德和智慧的象征。不过对亚里士多德来说，有一件事非常

奇怪，那就是友谊这个词来源于拉丁语 philautia（即自爱），“对自己的真实的爱”。不是因视觉愉悦、自我欣赏、自私或虚荣心而产生的对自己的爱，而是在内心深处对自己产生的一种“合理而理性的”认知，人人都有这种能力。

因此，这是一种爱自己的方式，却并不是自恋！我要爱自己，但是那种明智的爱，是去爱我身上所具有的人的本质。亚里士多德曾告诫我们要“像爱另一个自己一样去爱对方”，他认为只有这样才能使人们获得幸福与和谐。

相反，当我们把朋友当作取悦自己的镜子时，就会出现一种非常自恋的友谊。或者说，我把一个人当作朋友，是因为他长得像我，我看到他会产生看到自己的错觉。所以，两个朋友都只是把对方当作镜子，不过这是一种虚假而脆弱的友谊，总会面临幻灭的风险。亚里士多德曾表示，“恶人”或“不道德的人”不具备真正爱自己的能力。

反之，好人则首先会成为他自己唯一真正的朋友：他爱“自己”身上的某种普遍性，而这种普遍性使他能够更好地面对这个世界和接纳其他人。

矛盾的是，真正的朋友往往并不是那些带给我们利益的人。因为理性而合理的爱会让我们获得真正的满足，那我们所需要的真正的友谊自然也不被用来填补不幸、孤独和思念。我可以完美地爱上任何人！我欣赏对方，只是因为他是这样一个人。说到底，我甚至可以没有他们，也可以不需要他们的存在。亚里士多德认为，友谊所带来的快乐源自“自由自愿的分享”，以及“无拘无束的共同生活”。这种快乐是自恋的人无法体会的。

哲学家们虽然有时也认同爱自己的必要性，但他们仍旧将自恋视为一种威胁。我们经常把“爱自己”和“偏爱自己”混为一谈。没有什么比爱自己更人性化的了，但偏爱自己却会很快演变成利己主义和自我主义。事实上，爱自己首先是一

在己无居，形物其著，其动若水，其静若镜，其应若响。
《列子·仲尼》

种生理上的需要，同时也是心理上和身份上的需要。起初，我对自己产生了一种隐晦的爱，这被称为自我保护的本能，它自发地促使我维持自己的生命，进行自我防御并使自己免遭痛苦。这就要求我必须吃饭，要保护自己，要照顾自己。此外，单是总把“我”字挂在嘴边这一事实，就证明了我们长期以来对与自己有关的事情的一种感情或与它们的必不可少的联系。将“我”作为主语，就意味着我们在语言上和现实存在中对自己的依恋。

我们的自恋是怎么发展的？

随着现代心理学的诞生和发展，自恋这个概念再一次被广泛提及。在19世纪，保罗·奈克和英国精神病学家**哈夫洛克·霭理士**为了对某些情感行为进行分类，就已经将某种在行为和性方面的倾向称为“自恋”并认为这种态度是有悖常理且不同寻常的，因此需要“治疗”。但直到20世纪，随着对无意识的认知，弗洛伊德才第一次把自恋当作精神分析学的概念。事实上，他在 1914 年时就决定将“自恋”定义为人类的一种原始状态。这种状态是任何个体都无法避免的，因为它是从母亲肚子里开始的。未出生的婴儿悬浮在一个几乎封闭的环境里，既没有压力，也没有需求。处于温暖而失重的状态的生命体只需延续自己的生命就够了。所以此时的婴儿除了保全自己之外，没有其他意识。

由于他只能意识到自己，我们也可以认为他在爱自己，即使是以一种不具有人格的方式。在孩子出生后，只要他还需要母亲的哺育，只要母亲还在尽力减轻和避免让他因饥饿、寒冷感到痛苦，还在身边保护他，这种冲动的“原生自恋”就仍然会继续存在。他还无法将他的自我（此时尚未形成）和外部世界（他人的概念也还不存在）区分开。这个早期阶段也许在无意识中形成了最强烈和最持久的幸福（以及完全爱自己）模式。

“

那么，我们都是自恋的吗？是的，至少在我们生命的开始阶段是这样——我们对此留下了一个难以磨灭的印象。

”

根据弗洛伊德的说法，我们始终都在怀念那个快乐而“没有压力”（一些东方智者将这样的状态称为涅槃）的最初时刻。那么，我们都是自恋的吗？是的，至少在我们生命的开始阶段是这样——我们对此留下了一个难以磨灭的印象。

但有一天，孩子会被迫脱离这种自我封闭和“自娱自乐”的状态。他必须经历痛苦的考验才能将他自己和其他事物区分清楚。这种令人既兴奋又不安的经验，始于孩子在镜子中看到自己的那一刻，他由此认识到了自己的唯一性，以及自己与其他事物的区别（这就是精神分析学家**雅克·拉康**所说的“镜像阶段”）。

为了融入社会生活，孩子必须从最初的自我封闭状态中走出来。当他发现自己不是其他人，而其他人也和他不同的时候，他对于自己的存在、

内在性和个人的意识就都建立起来了。这也是与过去的第一次切割！

然而，他仍然保留了一种找到快乐的全新可能：他可以去爱，但爱的对象不再是他自己，而是另一个人——他的母亲！她不再是一个哺育他的乳房、一具身体或一个世界，而是变成了一个……人！

随着他慢慢长大，社会和文化的规范会促使他将最初对母亲和家庭的爱转移到一个关系更疏远的“其他人”身上，此时的爱已经转变为了爱情。

相反，一个人如果发现他所爱的人无法使自己获得满足，就会尝试（从身体上或精神上）回归到独自一人享受欢愉的形式。这就是弗洛伊德所说的“次生自恋”。它不再是那些对他人没有概念的婴儿所产生的那种感官层面的模糊的自恋，而是一种非常完善的自恋，因为从此刻开始，自恋的主体已经能分清自己和他人的区别了。原生自恋是在自我缺失的情况下出现的。而次生自恋则会引起对自我的迷恋，借助自己以及自我形象来产生自我迷恋及强烈的快感——不再需要利用别人来使自己愉悦！

然而，由此出现的利己主义和自我主义也能够派上用场。根据弗洛伊德的理论，我的“自我”会保护我远离危险的冲动。比如，当强烈的性冲动要将我推向自我毁灭的行为时，利己主义就演变成一个警告信号。只有过度的利己主义和自恋才会变得危险。

弗洛伊德还将睡眠状态看作一种自恋性退缩，“一种绝对自我而又不可或缺的对外部世界的逃离”。为什么是不可或缺的呢？因为它会让我们产生梦境，而如果没有梦境，我们的心理平衡将很快受到威胁！

过度的自恋是否致命？

那喀索斯的故事是如此深入人心，可那喀索

斯代表的自恋形象却分化出了不同的类型，我们应该要区别看待。其中有一种类型可能更常见于女性，而它的出现是由我们社会的偏见造成的，正是这些偏见导致女孩们变得只注重自己的外表。在这里，我们发现了一个极其典型的自恋女性的形象，她并非源于神话传说，而是出现在一个童话故事中！这个人就是白雪公主的继母，那个可怕的王后。她花了很长时间去询问她的魔镜，这面魔镜象征着他人的目光，更重要的是它还象征着其他女人的羡慕和渴望。当然，这其中也包括她自己的目光。这面著名的镜子必须日复一日地回答那个始终萦绕在她心头的问题："谁是整个国家最美丽的人？"它不断向她证明，让她坚信自己是最美的，这也是唯一让她感到满足的答复。王后反复询问自己的容貌，这其中不可避免地伴随着一种焦虑的情绪。直到有一天，镜子终于感叹道："整个国家最美丽的人是白雪公主！"此时，这种焦虑引发了暴力和犯罪。这是一个无法接受的答案！给自恋者造成了深深的创伤！因为只有达到极致才能让她称心如意：只是美丽还不够，因为它只具有相对的吸引力，一定要成为最美，这样就不必担心其他女人的竞争了。对王后来说，美丽是为了享受这最受人喜爱的感觉。此外，女性自恋是一种存在于女性之间的竞争游戏。因此，当一个女人炫耀一件新衣服时，她首先期待的是其他女人的评价。当小白雪公主凭借清新可人而又光彩夺目的美貌取而代之的时候，王后的绝望达到了顶点，并萌发了一种杀人的冲动：必须清理、废黜甚至驱逐或杀死那个在外表上超越了自己的人。

王后跟其他有自恋情结的女人一样，都梦想着自己在镜子里永远都保持一个完美的静态映像。所以我们才会说，时间是一切自恋者的敌人。因为它会使她们希望能保持完美的外表变得不再美好。就像英国作家**奥斯卡·王尔德**所塑造出来的道连·格雷这个人物，为了永远保持年轻和美貌，在默片时代，我们不需要对话，我们拥有容貌就够了。

电影《日落大道》

他让自己的肖像代替自己变老。同样地，自恋者也只能生活在静止或暂停的时间里。道连·格雷是想让自己的画像代替他衰老退化，但只可惜不遂人愿……

电影也是传递幻想的重要途径之一。**比利·怀尔德**在 1950 年拍摄的《日落大道》是在探讨女性自恋是否致命这个主题方面最打动人的电影作品之一。它讲述的不再是童话中的王后的故事，而是一个名叫诺玛·德斯蒙德的好莱坞女演员的故事。她在默片时代很出名，但渐渐被人们所遗忘。她说："随着时间的推移，一切都变了！"因为电影已经变得"会说话"了，而诺玛也已经老去。她把自己锁在豪华别墅里，周围全是她事业鼎盛时期的照片，足足有数千张。她近乎疯狂地要说服自己，自己的美貌仍然完好无损，仍然有数百万观众在等待她的新电影上映。

数不胜数的照片充当了她的镜子，在这些照片中，她永远保持着同一个年龄。她相信，那

些接近她的男人，都是被她永恒的外表所吸引而来，也只会为她疯狂。她不愿承认自己无法避免衰老的命运，而是像《白雪公主》中的王后那样选择了谋杀，杀死了那个最终当面告诉她自己并不爱她的男人。在她被捕的那一天，陷入疯狂的诺玛又把新闻媒体的摄像机当成了电影片场的摄像机！自恋的人总会让别人变成帮凶、无耻的牟利者或是受害者。

自恋者都有哪些类型?

自恋者有很多类型，但都与性别没有必然联系。下面就列举了其中的一些 。

卖弄表现型自恋者沉迷于自我表现，追逐各种光环。他所做的一切，所想的一切，所说的一切，都是要让自己受人仰慕。他始终忙着炫耀卖弄，想要完完全全地展示自己。这种对聚光灯、媒体、舆论的追逐，有时是孤注一掷的，甚至会付出突然陷入暗无天日的绝望或是缓慢而沉郁地走向衰颓的代价。那些无法再接到角色的演员，或是一旦无法出现在电视屏幕上就找不到自我的明星就是这样。

暗自幻想型自恋者更喜欢缩在后面。他保持沉默，几乎什么都不干涉，不参与，和前面提到的类型截然相反！但他为自己勾勒出的理想形象却非常出色和光彩照人，他非常喜欢这个形象，所以宁愿不拿出来示人，这样即使他的表现无法达到预期的高度，也永远不会有受伤的风险。与其让人觉得自己平庸或不如自我标榜的那么好，他更倾向于什么都不做！他等待着有人来主动找他，他装作害羞或谦虚，最后选择躲在阴影里。但这种虚伪的谦虚掩盖了无限的骄傲。他梦想获得成就，但更希望自己获得成就以及自己被大家赞赏这件事都能维持一种可能性。简而言之，他所做的一切都是为了维护他赖以生存的自恋性幻想。

自我标榜型自恋者将自己在所有人——尤其是他自己——的眼中塑造成一个榜样、一个圣人或一个英雄。他会提供各种良好行为的证明，让大家相信他从道德、理性甚至生态或人文的角度来看，都一直在做应该做的事情。他希望人们能注意到他的牺牲精神，以及他对享乐、荣誉或金钱的不屑一顾。有时，他会固执地拒绝一个有利的地位，也不会滥用一个哪怕微不足道的权力，以证明他令人钦佩的自我牺牲精神。他是一个政治活动家，或一个慈善家，或一个人道主义者。他在尊重自然、捍卫人权以及关爱同胞方面的表现都无与伦比。他梦想自己能默默地给人们树立一个了不起的榜样。他宣称，重要的不是他，而是利益、正义、善意、人性、自由等等。无论他是在耍小聪明还是真的在自我牺牲，他都很享受自己几乎不追求自我享受这种行为。

阴险嫉妒型自恋者更具有攻击性。他是个爱说漂亮话的家伙，又是个尖刻的批评家。他更喜

欢攻击那些拥有成就或者获得成功的人，他更喜欢滔滔不绝地贬低他们的行为，诋毁他们的作品、言论或承诺。他无休止地进行攻击和诽谤，并竭尽所能地揭发那些站在台前、受人爱戴的人的可怜或可耻的一面（至少他打算这么做）。他固执地要毁掉所有伟大的事物。他从不谈论自己，总是指出别人的缺点，并试图说明他们不值得被崇拜倾慕。然后想象着自己的形象会在贬低他人的过程中变得更加高贵（他相信这是他应得的，甚至远不止于此！）。

操纵掌控型自恋者始终认为自己是无所不能的。他所喜欢的是自己的权力！因此，他难免会对别人冷嘲热讽。作为一个邪恶的、不择手段的引诱者，他首先要向自己证明，其他人都会受到他的影响。他希望自己能轻而易举地让别人爱上他，并通过奉承、赞美或装作喜爱他们的方式来捕获那些脆弱或容易受骗的人。他能凭直觉辨认出那些患有情感依赖症的人，以及那些需要认可或缺乏自信的人。他会毫不犹豫地羞辱、摧毁他们。在这种特别而又非常危险的自我愉悦背后，是极度的孤独，是残留的深深的耻辱感和异乎寻常的无力感所带来的痛苦焦虑。

患有疑病症的自恋者会在谈论那些只存在于想象中的疾病时获得真正的愉悦，他沉浸在对自己身体的不断审视之中，无休止地咨询医生和在互联网上查询，然后怀疑自己又患了新的疾病（更多的只是假想而已），最好还是严重的疾病。他的身体是一个充满风险的未知数。

然而，当医学证实他真的遭受疾病的那一天来临的时候，由于这次是由医学证实的，他就不再有兴趣去了解自己的身体状况了，也不再想知道关于它的任何事情，此刻的他宁愿对此一无所知。他只是享受在虚惊一场的状态下爱自己的感觉！

自恋无处不在吗？

无论在什么时代，也无论身处什么社会环境之中，没有人能够摆脱自恋的束缚！无论是想要小心翼翼地避开它，还是试图把它的程度降到最低都不可能。我们当前所处的时代，出现了一种前所未有的自恋，它基本没有受到抑制，甚至受到鼓励，这可能是因为个人主义从来没有达到过这样的程度。几个世纪以来，身份的问题从来没有被真正动摇过。每个人都或多或少地被他的姓名、家庭、社会阶层、性别、传统、习惯、地位和在群体（部落、家庭、种族或国家）中的位置所定义和描述，社会中每个成员的独特性都只是相对的。

在这样的大背景下，人员流动和交流日益频繁，信息传播速度也越来越快，原来固有的一切都被打破了。而那些旨在推动大众消费的时尚所施加的压力，促进了自我价值的提升。今天，对许多人来说，唯一可能被注意到的身份（而且是能够快速创建的身份）就是外表的身份（因此这个身份也是非常敏感的）。于是，每个人都在疯狂追求这个伪身份。与此同时，我们也目睹了越来越多的人对自身的焦虑，这会诱导他

“今天，对许多人来说，唯一可能被注意到的身份就是外表的身份。”

们只爱自己，或者最多只爱自己身边或熟悉的东西。他们会迅速将那些不属于“我”的一切视为陌生的，并对其产生恐惧、憎恨或厌恶的情绪。这种新型自恋同时具有个体性和集体性两个特征。某些“身份认同”的政治宣言大肆颂扬某一个群体、某一种文化或某一种宗教独特或优越的品质，谁又会看不出这其中潜藏着危险的“大众自恋”呢？若真如此，所有群体都将面临只爱由他们自己创造出来的那个形象的风险，从而迅速对陌生人、其他群体和其他地方表现出敌意和攻击性！

在许多灾难性的当代意识形态（种族主义、极端民族主义、狂热主义等）背后，我们尤其需要辨别出这种“大众自恋”，尽管这个词看起来自相矛盾。种族主义者通过宣称他的血统或他的基因更出众而让自己获得愉悦。极端民族主义者沉浸于那些让他相信自己属于世界上最美国家的陈词滥调中不能自拔。而狂热主义者则自我陶醉在认为自己掌握着绝对真理并肩负着净化使命的想法之中。

所有这些人从未停止过对他们自己和他们抱有的信念的审视。这些自恋的群体动不动就采取暴力手段来打击他人，最后也会毁灭他们自己。

在弗洛伊德看来，甚至可以认为整个人类最初都是自恋者！按照弗洛伊德的说法，当波兰天文学家**哥白尼**证明地球不是宇宙的中心时，当英国博物学家**达尔文**证明人和其他动物一样，并不具备更高级的生命等级时，人类的精神因为“对

自己的爱”而遭受到了可怕的“伤害”。人类最近一次感受到羞辱，是因为精神分析揭示“有意识的、理性的”自我并不是万能的，而是受制于无意识的潜在力量。这就好像一个孩子此前一直“以自我为中心”，但到了学校却发现自己只是其他人中的一员。因此，想通过科学理论将人类的思想从他们对自己的爱之中剥离出来是非常困难的。

毕竟，如果我可以爱自己，为什么还要冒险去爱别人？对于自恋者来说，这就是最突出的问题！然而，那喀索斯的故事表明，只爱自己会很快导致疯狂和死亡。自我，作为我的欲望中唯一的对象，只能屈从于冲动的涌入。纯粹的利己主义激情会用一种自噬的方式摧毁掉“自我”。弗洛伊德写道：“强烈的利己主义能预防疾病，但最终，为了不生病，人也必须学会爱别人。”这就是为什么我们要“限制自恋”。人类文明教我们掌握了这种限制，它不仅给予了我们爱他人的机会，同样让我们有机会为他人所爱，这有时更难！此外，它还使我们的内心变得平和，不会因为缺乏安全感而丧失对他人的信赖，从而在与人交往时退缩不前。

尽管当我们丢掉了一部分重要而必要的自恋之后也就失去了个人生活，但从与另一个和我不相像的人在一起，以及一种莫名的被需要中获得的愉悦与满足，让情感和生命、个人和宇宙之间实现了平衡，这正是那喀索斯神话所让我们思考的。